Micheline Chaoul

BRIDGE - Exercices de Jeu de la Carte

Pour débutants

2018 Micheline Chaoul
Edition: BoD – Books on Demand
12/14 rond-point des Champs Elysées, 75008 Paris
Imprimé par Books on Demand GmbH,
Norderstedt, Allemagne
ISBN : 9782322101863

TABLE DES MATIÈRES

LEÇON 1

Compter les levées maîtresses

Vous avez déterminé le contrat, votre adversaire de gauche entame, et le mort s'étale. C'est le moment de faire votre plan de jeu.

Dans un premier temps, vous allez jouer à Sans-Atout, et donc seulement compter les levées maîtresses, celles qui permettent de prendre la main immédiatement, donc dans des couleurs commandées par un As :

As = 1 levée.

As-Roi = 2 levées.

As-Roi-Dame = 3 levées.

Mais Roi-Dame ou Roi-Dame-Valet = 0 levées immédiates. Avant de pouvoir les encaisser, il faudra rendre la main à l'adversaire.

Et aussi : vous ne pouvez pas réaliser plus de levées que de cartes possédées, exemple :

ARD   Vous avez 6 cartes maîtresses, mais

- - - -   quand vous en jouez une de la main,

       DV10   vous devez en fournir une du mort, et inversement.

     Vous n'avez ici que 3 levées.

N.B. : Dans tous les diagrammes de donnes, la main du déclarant (ici, la vôtre) est en bas, en Sud, et celle du mort, en haut, en Nord.

Habituez-vous à visualiser les diagrammes :

N

O + **E**

S

Mais il est bien entendu que, si vous jouez en
« live », ce peut être n'importe lequel des quatre
joueurs qui se trouve être le déclarant, son
partenaire étant le mort.

Maintenant, à vous ! Comptez les levées immédiatement maîtresses que vous possédez entre les deux mains dans les diagrammes suivants. Attention, vous devez tenir compte des deux jeux : As-3 au mort et Roi-5 dans votre main réalisent 2 levées.

1)
♠ AD2
♥ A32
♦ AR87
♣ 543
　　N
O + E
　　S
♠ RV83
♥ R54
♦ 54
♣ AR92

2)
♠ RD3
♥ R87
♦ AD
♣ A8542
　　N
O + E
　　S
♠ A54
♥ A32
♦ R2
♣ 109763

3)
♠ R53
♥ A104
♦ 763
♣ RDV3
　　N
O + E
　　S
♠ A98
♥ RD3
♦ AD8
♣ 10542

4)
♠ R854
♥ 1065
♦ 853
♣ DV6
　　N
O + E
　　S
♠ A3
♥ R2
♦ A42
♣ AR5432

5)	♠ R54	6)	♠ RDV54
	♥ A42		♥ 432
	♦ 432		♦ 432
	♣ 5432		♣ 32

	N		N
	O + E		O + E
	S		S

	♠ AD		♠ A
	♣ RD		♥ AR5
	♦ A765		♦ ARD6
	♣ A9876		♣ A8654

Il est temps de faire votre plan de jeu :
Vous jouez 3 Sans-Atout et recevez l'entame de la Dame de Pique. Comptabilisez vos levées immédiatement maîtresses et indiquez votre façon de jouer :

♠ R3
♥ 954
♦ DV542
♣ 432

N
O + E
S

♠ A102
♥ A432
♦ AR
♣ AR65

Solutions des exercices :

1) 4 levées à Pique (As et Dame du mort prennent 8 et 3, puis le 2 du mort est pris par le Valet (ou le Roi) de votre main, et vous tirez le Roi. 2 levées à Coeur (As et Roi). 2 levées à Carreau, 2 levées à Trèfle. Total : 10 levées.

2) 3 levées à Pique, 2 à Coeur, 2 à Carreau (il n'y a que 2 cartes de chaque côté) et 1 à Trèfle. Total : 8 levées.

3) 2 Piques, 3 Cœurs, 1 Carreau = 6 levées. Bien sûr, vous allez pouvoir faire des levées avec les Trèfles, mais auparavant l'adversaire prendra l'As.

4) 2 Piques, 1 Carreau, 4 Trèfles, mais … attention ! A Trèfle, vous avez 9 cartes, les 2 adversaires en ont 4 : vous allez jouer les 4 Honneurs : Dame, Valet, 6 pour le Roi, et l'As : les quatre cartes de l'adversaire tomberont même si elles sont dans une seule main. Donc, il vous restera 2 petits Trèfles qui seront devenus maîtres, car l'adversaire n'en aura plus. On dira qu'ils seront **affranchis**. Donc, vous avez 6 levées à Trèfle. Avec 2 Piques et 1 Carreau, 9 levées.

5) 3 Piques, 3 Cœurs … êtes-vous sûr ? Vous tirez As-Dame de Pique, Roi-Dame de Cœur … au mort, il y a le Roi de Pique et l'As de Cœur … comment les récupérer ? Non, vous ne pouvez tout faire ! Vous dégagez Roi-Dame de Cœur, puis vous jouez As de Pique et Dame de Pique **prise du Roi**, et vous encaissez l'As de Cœur. Ou bien, As-Dame de Pique, Roi de Cœur et Dame de Cœur **prise de l'As**. Et, évidemment, les 2 As, de Carreau et de Trèfle. Vous avez 6 levées de tête.

6) Le problème est le même qu'au 5) : As de Pique et pas de petit Pique ni de grosse carte dans une autre couleur pour monter au mort. Et ne comptez pas sur la générosité des adversaires pour jouer Pique ! Vous avez 1 Pique, 2 Cœurs, 3 Carreaux et 1 Trèfle, 7 levées.

Solutions des plans de jeu :

a) Vous avez 2 levées à Pique (As et Roi), 1 levées à Cœur, 4 levées à Carreau (As, Roi, Dame et Valet, 2 levées à Trèfle. Soit 9 levées.

À Carreau, vous pouvez réaliser une levée supplémentaire avec un cinquième Carreau, si aucun des deux adversaires n'en possède 5, le dernier petit Carreau sera maître.
Vous avez donc 9 levées, peut-être 10.

b) Comment jouer ? Facile, me direz-vous ! Je prends l'entame et je tire mes Honneurs « en tête ». Oui, mais attention ! Nous avons 4 levées à Carreau (As-Roi puis Dame-Valet). Supposons que vous ayez pris l'entame Dame de Pique du Roi du mort. Vous tirez As et Roi de Carreau, et … aïe ! Comment vais-je remonter au mort pour récupérer la Dame et le Valet (et éventuellement le petit dernier…) ? Je n'ai plus d'Honneurs pour monter au mort.

Il fallait se soucier de ce problème de remontée dès l'entame. Vous avez l'As et le Roi, duquel allez-vous prendre ? Puisque As et Roi de Carreau bloquent, vous devez prendre l'entame de votre main et tirer de suite As-Roi de Carreau. Ensuite, vous montez au mort avec le Roi de Pique et vous encaissez les Honneurs Carreau restants.

Comptez-les, vous avez 7 cartes, les adversaires en ont 6, s'ils sont répartis 3-3 ou 4-2, un dernier petit Carreau va être affranchi.

Une fois ces levées encaissées, prenez de votre main As-Roi de Trèfle et l'As de Cœur, pour un contrat de 3 SA égal ou +1.

LEÇON 2

Affranchissements

Vous jouez à Sans-Atout en Sud avec le mort.

Comptabilisez :

1) Les levées immédiatement maîtresses.

2) Les levées sûrement affranchissables que vous possédez avec les deux mains.

Comment devez-vous jouer les contrats de 3 SA sur l'entame indiquée ?

1)

    ♠ R53
    ♥ A104
    ♦ 763
    ♣ RDV3

Entame :   N
Dame de ♠   O + E
    S

    ♠ A98
    ♥ RD8
    ♦ AD8
    ♣ 10542

2)

    ♠ 432
    ♥ R3
    ♦ RD1093
    ♣ 532

Entame :   N
Dame de ♥   O + E
    S

    ♠ AD5
    ♥ A97
    ♦ V2
    ♣ AR864

3)

         ♠ 632
         ♥ R3
         ♦ RD1093
         ♣ R32

Entame :   N
Dame de ♥   O + E
          S

         ♠ AD54
         ♥ A97
         ♦ V
         ♣ A8654

4)

         ♠ A53
         ♥ RD4
         ♦ 432
         ♣ DV108

Entame :   N
Valet de ♠   O + E
          S

         ♠ RD
         ♥ A53
         ♦ ARV
         ♣ 9542

5)
♠ 42
♥ 765
♦ RD1083
♣ 432

Entame :   N
6 de ♠   **O + E**
           S
♠ AR3
♥ ARD2
♦ V92
♣ RDV

6)
♠ D2
♥ A2
♦ R754
♣ V10854

Entame :   N
Valet de ♠   **O + E**
             S
♠ AR
♥ RDV6
♦ DV102
♣ D92

Solutions :

1) Vous avez 6 levées, il en manque 3. Il faut affranchir les Trèfles en donnant l'As à l'adversaire.

Attention : il faut le faire de suite : l'entame vous enlève un arrêt à Pique et Ouest possède une longueur dans cette couleur. Prenez l'entame du Roi ou de l'As et jouez Trèfle. Le flanc prend et rejoue Pique, vous pouvez prendre avec l'autre Honneur et vous encaissez vos levées (les Trèfles, les 3 Coeurs et l'As de Carreau) pour 3 SA égal.

Ne cherchez pas à en faire plus, vous ne « tenez » plus la couleur Pique.

2) Vous avez 5 levées, il faut en trouver 4 en affranchissant les Carreaux. Mais l'adversaire ne prendra qu'au deuxième tour et il faudra remonter au mort les chercher une fois qu'ils seront affranchis. Prendre l'entame avec l'As de Coeur de la main en gardant le Roi au mort comme communication et jouer le Valet de Carreau puis Carreau pour le 9[1]. Le flanc (Est ou Ouest, peu importe) prendra avec l'As au deuxième tour (pour ne pas vous faciliter la tâche !) et rejouera Coeur. Vous prenez avec le Roi et vous encaissez vos Carreaux pour égal.

---

[1] Attention : si vous avez RDV109 …, ces cartes sont équivalentes, n'importe laquelle d'entre elles suffit à faire sauter l'As de l'adversaire.

Si le flanc rejoue Pique ou Trèfle, vous prenez et vous montez au mort au Roi de Coeur pour récupérer vos Carreaux affranchis.

Le danger à éviter : l'impasse Pique : vous ne savez pas qui a le Roi et risquez de chuter si elle rate. Abstenez-vous et prenez de l'As si Est joue Pique.

3) Vous avez 5 levées, il vous en faut 4, donc affranchir les Carreaux en donnant l'As. Mais vous êtes singleton Carreau, il vous faut 2 remontées au mort : quand vous jouerez le Valet, l'Adversaire ne prendra pas de suite. Gardez le Roi de Coeur et le Roi de Trèfle au mort pour communiquer, et jouez le Valet de Carreau. Il tient. Montez au mort au Roi de Trèfle et jouez le Roi de Carreau, l'adversaire prend. Quoiqu'il joue, vous prenez et récupérez vos Carreaux au mort à l'aide du Roi de Coeur.

Le danger à éviter : l'impasse Pique. Si Est joue de cette couleur, prenez de l'As.

4) Vous avez 6 levées, il en manque 3, à établir en affranchissant les Trèfles. Mais il faut donner la main 2 fois au flanc, à l'As et au Roi. Pas de problème, il vous reste 2 arrêts dans la couleur d'entame.

L'entame prise en main, jouez Trèfle, le flanc prend et rejoue Pique, pris en main. Jouez encore Trèfle, le flanc prend. Si c'est Est qui prend et qu'il renvoie Carreau, prenez de l'As. Vous avez 2 Carreaux affranchis. , + 1.

5) Vous avez 5 levées, il en manque 4. Il faut affranchir 2 couleurs, les Carreaux et les Trèfles. Prenez l'entame du Roi et jouez Carreau d'abord, le flanc ne prend pas. Rejouez Carreau, il ne prend toujours pas. Attention, si vous continuez les Carreau, l'adversaire va prendre et vous n'aurez plus la possibilité de remonter aumort pour récupérer les autres Carreau, et l'As de Trèfle sera encore dehors. Après ces 2 tours de Carreau, jouer Trèfle. L'adversaire prend quand il veut, mais vous avez établi 2 Carreaux et 2 Trèfles, et vous êtes encore protégé d'un retour Pique, ayant encore l'As. Égal.

6) Vous avez 6 levées, il en faut 3 (attention : à Pique, vous n'avez que 2 levées, il faut fournir !). Les Carreaux et les Trèfles sont d'égale longueur, mais : à Carreau, il faut lâcher la main 1 fois en donnant l'As. À Trèfle, il faut donner le Roi et l'As, donc lâcher la main 2 fois, et vous n'avez plus qu'un arrêt à Pique. Choisissez les Carreaux et jouez l'un des Honneurs. L'adversaire prend de l'As et rejoue Pique, vous prenez et vous encaissez vos Carreaux et vos 4 Coeurs (à Coeur, commencez pas tirer l'As puis petit pour RDV, ne vous bloquez pas).

Mais, objectera Candide, à Pique, j'ai As-Roi-Dame… Enfin ! Quand vous jouez un Pique de votre main, il faut bien en fournir un de l'autre, donc la Dame sera prise du Roi ou de l'As. Vous n'avez que 2 cartes, vous ne ferez que 2 levées.

Exemple :   ARV

- - - -

D98

3 cartes d'un côté, 3 cartes de l'autre, vous ne faites que 3 levées. Il faut fournir.

Pardon à ceux pour qui la chose est absolument évidente !

LEÇON 3

Levées d'Honneurs et Impasses

Dans chacun des diagrammes suivants, comptabilisez vos levées d'Honneur :

1. Immédiatement maîtresses.
2. Sûrement affranchissables.
3. Éventuellement affranchissables.

Comment doit-on manœuvrer pour faire le maximum de levées ?

Impasses de levées immédiates :

1)	ARV	2)	AV2
	- - - - -		- - - - -
	432		R43

3)	ADV	4)	AD10
	- - - - -		- - - - -
	432		432

5)	AR10	6)	A32
	- - - - -		- - - - -
	432		DV10

7)	AD3	8)	A32
	- - - - -		- - - - -
	V104		DV4

Solutions :

1. 2 levées sûres, As et Roi. En jouant petit vers le Valet, vous gagnez une levée si la Dame est à gauche. Tirer d'abord l'As (« coup de sonde » au cas où la Dame serait sèche), rentrer en main par une autre couleur et jouer petit pour le Valet.

2. Tirer le Roi puis jouer petit pour le Valet. Vous gagnez une levée si la Dame est à gauche.

3. Une levée sûre, l'As, et une levée sûrement affranchissable, la Dame ou le Valet. En présence d'une fourchette, jouer petit en partant de la main opposée à la fourchette : petit pour le Valet. Si le Roi capture ce Valet, vous avez affranchi la Dame. Si le Valet tient (donc si le Roi est à gauche), rentrer en main par une autre couleur et rejouer petit de la main pour la Dame. Dans ce cas, vous gagnez 2 levées.

Quand une impasse réussit, il faut la recommencer.

4. Vous avez ici une double fourchette, il manque Roi et Valet. Dans ce cas, il y a 2 impasses à faire, commencer par la plus petite : petit pour le 10. S'il est pris par le Roi, c'est que le Valet est à gauche (avec Roi et Valet, l'adversaire aurait pris le 10 du Valet !). En ce cas, la Dame est affranchie. Si le 10 tient, ou s'il est pris du Valet, rentrer en main par une autre couleur et rejouer petit pour la Dame. Un mauvais cas : Roi et Valet à droite.

5. Tirer l'As en « **coup de sonde** » (dans le cas d'une Dame ou d'un Valet sec), rentrer en main par une autre couleur et jouer petit pour le 10 si aucun Honneur n'apparaît.

6. Ici, la fourchette est partagée entre les deux mains, il ne vous manque que le Roi. Vous allez user d'une « **impasse forçante** » : présenter la Dame et, si l'adversaire de gauche ne couvre pas du Roi, passer petit du mort. Si le Roi prend à droite, vous avez le Valet ou le 10 d'affranchi. Si le Roi n'est pas apparu (donc s'il est à gauche), vous êtes toujours en main : jouer le Valet et passer petit si le Roi n'apparaît toujours pas.

7. La manœuvre est semblable à la précédente, vous avez 3 cartes qui se suivent. Présenter le Valet et, s'il n'est pas couvert du Roi par l'adversaire de gauche, passer petit. S'il est pris, vous avez affranchi la Dame. S'il tient, jouer petit pour la Dame.

8. Cette fois, vous n'avez pas 3 cartes suivies. L'As se fera et vous affranchirez toujours la Dame ou le Valet. Cette fois, jouer petit du mort vers Dame-Valet (petit vers les Honneurs groupés).

<u>Règle :</u>

Pour tenter une impasse forçante (présenter un Honneur et passer petit si l'adversaire ne couvre pas d'un Honneur supérieur), il faut au moins 3 cartes qui se suivent : As d'un côté, Dame-Valet-10 de l'autre, comme dans les exemples 6 et 7.

Impasses d'affranchissement :

9) AV10
- - - - -
432

10) RV10
- - - - -
432

11) RV5
- - - - -
432

12) D109
- - - - -
432

13) D103
- - - - -
542

14) AV5
- - - - -
1094

15) A32
- - - -
V109

16) R32
- - - -
V109

17) D32
- - - -
1098

18) A542
- - - - -
DV3

Solutions :

9) Il manque le Roi et la Dame. Vous réaliserez toujours la levée de l'As, mais, pour affranchir une levée de plus, tout dépend du placement des Honneurs adverses. Voyons les différentes possibilités :

	AV10		Le plus mauvais cas :
xxx(x)		RDx(x)	l'adversaire ne va pas
	432		mettre le Roi sous l'As ! Il réalisera toujours Roi et Dame.

	AV10		Vous jouez de votre main
Rxx(x)		Dx(x)	et passez le 10, Est prend
	432		de la Dame. Par la suite, suite, vous rentrez dans votre main et jouez petit pour le Valet : il tient.

La situation est semblable avec ce partage :

	AV10		En inversant le Roi et la
Dxx(x)		Rxx(x)	Dame, la situation est la
	432		même.

	AV10		Même chose : vous jouez
RDx(x)		xxx(x)	petit de votre main, Ouest
	432		passe petit : vous mettez le 10. Rentrant ensuite dans

votre main, vous jouez un petit : Ouest met la Dame ou le Roi, vous prenez de l'As, mais l'autre Honneur d'Ouest prendra votre Valet.

Dans cette situation, vous avez 3 chances sur 4 de gagner une levée, 75 %.

10) Petit pour le 10. Qu'il soit pris ou non, rentrez dans votre main et petit pour le Valet, ou le Roi si la Dame apparaît.

11) Petit pour le Valet, rentrez en main et petit pour le Roi.

12) Petit pour le 9. S'il est pris, rentrer en main et jouer petit pour le 10.

13) Petit pour le 10.

14) Présentez le 10 que vous laissez courir si Ouest met petit. Puis petit pour le Valet.

15) Présentez le Valet : si Ouest couvre du Roi ou de la Dame, prenez de l'As et jouer petit vers 109 ; si Ouest passe petit, mettez petit. S'il est pris, vous rentrerez en main par une autre couleur et présentez le 10 en passant petit si Ouest ne couvre pas.

16) Valet laissé filer ; s'il est pris, rejouez le 10 en passant petit si Ouest ne met pas la Dame.

17) Le 10 laissé filer si non couvert ; il est pris par Est, rejouez le 9 de votre main.

18) Ici, attention, ne pas partir de la Dame, on n'a pas le 10. Jouer petit vers Dame-Valet. Si l'Honneur tient, remonter au mort par une autre couleur et recommencer.

Règle :

Quand l'impasse est double (par exemple RV10), commencer par la plus basse.

Plans de jeu :

Comment jouez-vous 3 SA après l'entame indiquée ?

1)
         ♠ AD3
         ♥ 432
         ♦ D1032
         ♣ R54

Entame :   N
Dame de ♥   O + E
          S
         ♠ 542
         ♥ AR7
         ♦ RV54
         ♣ A63

2)
         ♠ A76
         ♥ 432
         ♦ RV109
         ♣ R54

Entame :   N
Dame de ♠   O + E
          S
         ♠ R54
         ♥ AR7
         ♦ 8742
         ♣ A63

Solutions :

1) Vous avez 5 levées : As de Pique, As-Roi de Coeur, As-Roi de Trèfle. Non, ne comptez pas encore vos Carreaux, ils ne sont pas (pas encore) maîtres, ne le sont que les couleurs commandées par As ou As-Roi.

Vous prenez l'entame du Roi. Il faut affranchir les Carreaux en donnant l'As, c'est la première manœuvre à réaliser. L'adversaire prendra son As et rejouera Cœur, mais vous avez encore l'As pour arrêter la couleur. Donc, attaquez-vous en priorité aux Carreaux. Vous récupérez 3 levées, il en manque encore une.

À présent, il faut tenter l'impasse au Roi de Pique en jouant petit de la main vers le mort et, si l'adversaire de gauche met une petite carte, passer la Dame. Si elle tient, donc si le Roi de Pique est en Ouest, vous avez votre neuvième levée. Si la Dame est prise, il n'y a aucun moyen de réussir le contrat.

Donc, l'affranchissement est à 100 %, l'impasse directe est à 50 %. Mais, s'il la seule possibilité de gagner est l'impasse, il faut la tenter.

Si vous commencez par tirer vos levées de tête en vous disant « on verra bien », vous verrez que… vous chuterez ! Car vous libèrerez les Honneurs de l'adversaire quand vous lâcherez la main et ne compterez que les 5 levées du début.

2) Vous avez 6 levées : As-Roi de Pique, As-Roi
de Cœur, As-Roi de Trèfle. Cette fois encore, ce
sont les Carreaux qui vont vous apporter les 3
levées manquantes. Mais, cette fois, la couleur est
en fourchette : il manque l'As et la Dame. Dans ce
cas, il faut faire l'impasse la plus basse, donc jouer
petit de sa main vers le mort et passer le 9 si Ouest
fournit petit (Valet-10-9 sont équivalents).

Quatre possibilités :

	RV109		Est prend l'As et la Dame,
xx(x)		AD(x)	mais vous gagnez 2 levées.

	RV109		Le 9 est pris de la Dame.
Ax(x)		Dx(x)	Vous donnez l'As, 2 levées.

	RV109		Le 9 est pris de l'As.
Dx(x)		Ax(x)	Rentrez en main et rejouez petit pour le 10. Le Roi prend la Dame, 3 levées.

	RV109		Le 9 tient. Rentrez en main
AD(x)		xx(x)	et rejouez petit : vous ne donnez que l'As, 3 levées.

LEÇON 4

Affranchir des Levées d'Honneur

A) Dans chacun des diagrammes suivants, comptabilisez :

    1.   Les levées d'Honneur sûrement affranchissables.

    2.   Les levées d'Honneur éventuellement affranchissables.

    3.   Indiquez la façon de jouer permettant de les affranchir.

1) RD5	2) R65	3) DV5
- - - - -	- - - - -	- - - - - -
432	432	432

4) D65	5) A54	6) RDV5
- - - - -	- - - - -	- - - - - -
432	D32	432

Solutions :

1) Aucune levée immédiate. Vous êtes sûr d'affranchir une levée, peut-être deux : jouer petit de votre main vers Roi-Dame : si l'As est à gauche (ici, en Ouest), et que l'adversaire met petit, fournissez la Dame, qui tient. Rentrez dans votre main et rejouez petit : si Ouest met l'As, mettez petit, votre Roi sera affranchi ; si Ouest met petit, passez le Roi, qui tient.

Si l'As est à gauche, vous avez 2 levées.

Si l'As est à droite, il prend l'un de vos deux Honneurs, vous avez 1 levée.

2) Jouez petit de votre main vers le Roi. Si l'As est à gauche, le Roi se fera. S'il est à droite, il sera pris, aucune levée. Une chance sur deux.

3) Jouer petit de votre main vers Dame-Valet :
- Si les Honneurs sont partagés (un de chaque côté), vous passez le Valet, il est pris ; rentrez dans votre main par une autre couleur et jouez petit : si Ouest met l'As ou le Roi, mettez petit, la Dame sera affranchie ; si Ouest met petit, passez la Dame, qui tient.
- Si As et Roi sont à gauche, un de vos deux Honneurs se fera, toujours en jouant petit de la main vers Dame-Valet.
- Le seul mauvais cas : As et Roi à droite (en Est), vous ne gagnez aucune levée.

4) Si vous y êtes contraint, jouez petit vers la Dame. Vous gagnerez un pli à chaque fois que vous trouverez As et Roi à gauche.

5) Jouez petit du mort vers la Dame. Si le Roi est à droite, vous gagnez un pli. Vous ferez toujours l'As.

6) Il faut jouer petit vers les Honneurs groupés : donc, petit de la main vers RDV. Si l'adversaire de droite prend un Honneur de l'As, vous gagnez 2 levées, et 3 si la couleur est partagée 3-3 chez l'adversaire. Si le Valet tient, rentrez en main par une autre couleur et rejouer une petite carte vers un Honneur. Si celui-ci tient toujours, rentrez encore en main et rejouez votre dernière carte.

B) Vous jouez le contrat de 3 Sans-Atout. Comptabilisez :

1. Les levées immédiatement maîtresses.
2. Les levées sûrement affranchissables.
3. Les levées éventuellement affranchissables.

4. Indiquez la façon de jouer permettant de réussir le contrat, l'entame étant indiquée.

1)
♠ AD32
♥ R53
♦ DV4
♣ 765
N
O + E
S
♠ R54
♥ AD4
♦ 7653
♣ AR8

Entame : 6 de ♠

2)
♠ A102
♥ RD3
♦ A82
♣ D1032
N
O + E
S
♠ V54
♥ A42
♦ D54
♣ RV54

Entame : Valet de ♥

3)
♠ A53
♥ 7543
♦ RD4
♣ D54
N
O + E
S
♠ RD2
♥ A82
♦ 6543
♣ AR2

Entame : 4 de ♠

Solutions :

1) Vous avez 8 levées : 3 Piques, 3 Cœurs, 2 Trèfles. La levée manquante peut être établie à Carreau, si les Honneurs manquants (As et Roi) sont partagés (un de chaque côté) ou tous deux à gauche.

Prenez l'entame du Roi de la main et jouez de suite Carreau pour le Valet (si Ouest fournit un petit, bien sûr). S'il tient, vous avez vos 9 levées ; s'il est pris, prenez le retour d'Est, rentrez en main si besoin est par Cœur ou Trèfle et rejouez petit Carreau : si l'As ou le Roi est fourni par Ouest, l'Honneur qui reste au mort est affranchi ; si Ouest passe petit, fournissez cet Honneur. Si les Honneurs manquants sont aprtagés chez l'adversaire, vous avez affranchi le Valet ou la Dame. Le seul mauvais cas est As et Roi tous deux en Est.

Résumons la situation à Carreau :

DV4	L'As prend le Valet
Rx(x) - - - - Ax(x)	mais la Dame se fera.
7653	

DV4	Idem.
Ax(x) - - - - Rx(x)	
7653	

DV4	L'adversaire prend As
AR(x) - - - - xx(x)	et Roi, vous prendrez
7653	la Dame.

DV4	Vous ne ferez aucune
xx(x) - - - - AR(x)	levée, As et Roi
7653	Roi prendront vos
	Honneurs.

Donc, un seul mauvais cas sur quatre, 75 % de chance d'établir une levée.

2) Vous avez 5 levées : 1 Pique, 3 Cœurs, 1 Carreau. Non, vous n'avez pas 3 levées de Trèfle, du moins pas encore ! L'adversaire possédant l'As, vous devez le lui donner, il faut jouer Trèfle pour faire sauter l'As de l'adversaire. Mais, avec 3 Trèfles, cela ne fait que 8 levées. Il faut jouer petit Carreau du mort vers la Dame : si Est a le Roi, et s'il le met, vous ferez la Dame ensuite ; s'il ne le met pas, vous ferez la Dame. Si le Roi est en Ouest, rien à faire.

3) Vous avez 7 levées : 3 Piques, 1 Cœur, 3 Trèfles, il en manque 2. Il faut les établir à Carreau, si l'As est en Ouest. Jouer 2 fois petit Carreau de votre main vers Roi-Dame du mort (« petit vers les Honneurs groupés). Si Ouest met l'As, vous mettrez petit du mort et réaliserez vos 2 Honneurs.

Si l'As est en Est, rien à faire, il vous manque encore 1 levée. Espérez que les Cœurs ou les Carreaux sont 3-3 pour affranchir une levée de longueur.

Règle :

Jouez petit vers les Honneurs groupés.

LEÇON 5

Affranchissements - Répartitions

A) Dans chacun des diagrammes suivants, comptabilisez :

1. Les levées d'Honneur maîtresses.

2. Les levées d'Honneur affranchissables.

3. Les levées de longueur affranchissables, mais en tenant compte des diverses possibilités de répartitions des cartes restantes chez l'adversaire.

4. Indiquez la manière de jouer.

1) R9643	2) DV53	3) A65
- - - - -	- - - - -	- - - -
8752	8764	97432

4) RD87	5) A54	6) A43
- - - - -	- - - -	- - - -
6543	R832	RV872

Solutions :

1) Aucune levée sûre. Mais vous avez 9 cartes, les adversaires en ont 4, vous réaliserez au moins 1 levée de Longueur (couleur 4-0), 2 (couleur 3-1, distribution la plus fréquente) ou 3 (couleur 2-2). En jouant petit de la main vers le Roi, vous l'encaisserez si l'As est à gauche.

2) Jouez 2 fois petit Dame-Valet. Vous les encaisserez tous les deux si As et Roi sont à gauche, vous encaissez un Honneur si As et Roi sont partagés (un de chaque côté), et aucun si c'est l'adversaire de droite qui a As-Roi. Mais vous avez 8 cartes, vous gagnez une levée de Longueur si la couleur est 3-2, et aucune si elle est 4-1.

3) L'As est une levée sûre, et vous avez 8 cartes. Commencez par un « coup à blanc » en jouant petit des deux mains (de toute façon, vous devez donner une levée, donnez-la tout de suite). Puis tirez l'As et un petit. Si la couleur est 3-2, vous réalisez l'As et 2 levées de Longueur ; si elle est 4-1, l'As et 1 levée de Longueur.

4) Jouez 2 fois vers Roi-Dame (« petit vers les Honneurs groupés »), vous êtes certain de réaliser au moins l'un des Honneurs (si l'As est à droite) et les 2 (si l'As est à gauche). De plus, avec 8 cartes, vous gagnez 1 levée de Longueur si la couleur est 3-2.

5) As et Roi sont des levées sûres. Avec 7 cartes, vous ne gagnez une levée de Longueur que si la couleur est 3-3 chez l'adversaire. Tirez l'As puis donnez un coup à blanc (petit des 2 mains) puis tirez le Roi. Si tout le monde fournit, la dernière petite carte sera affranchie.

6) Vous avez 8 cartes, As et Roi sont des levées sûres, il manque la Dame : il faut faire l'impasse. Mais, au préalable, tirez l'As (au cas où la Dame serait sèche), puis jouez petit pour le Valet. Si la Dame est à droite, le Valet se fait. De plus, vous pouvez gagner 2 levées de Longueur si la couleur est répartie 3-2, 1 si elle est 4-1.

B) Vous jouez le contrat de 3 SA. Comptabilisez :

1. Vos levées certaines.

2. Vos levées affranchissables.

3. Indiquez la manière de jouer pour réussir le contrat, l'entame étant indiquée.

1.
♠ R53
♥ A96
♦ A875
♣ R94

N
O + E
S

♠ A86
♥ R75
♦ R2
♣ A7652

Entame : Dame de ♠

2.
♠ R82
♥ 43
♦ A54
♣ AV763

N
O + E
S

♠ A7
♥ A975
♦ R972
♣ R54

Entame : 3 de ♠

3.
♠ R86
♥ A43
♦ RD86
♣ D72

N
O + E
S

♠ A75
♥ R95
♦ 7542
♣ AR3

Entame : Valet de ♣

4.
♠ 542
♥ 853
♦ AR873
♣ V2

N
O + E
S

♠ AR3
♥ AR6
♦ 954
♣ A1054

Entame : Dame de ♠

Solutions :

1) Vous avez quatre fois As-Roi, donc 8 levées. Pour trouver la neuvième, il faut affranchir un Trèfle de Longueur dans les 8 cartes. Avec 2 arrêts dans la couleur d'entame, Pique, vous pouvez lâcher la main une fois. Laissez passer une fois l'entame puis prenez. Commencez par un coup à blanc à Trèfle (puisque vous devez en donner un, donnez-le de suite), l'adversaire prend et (il n'est pas philanthrope !) rejoue Pique. Vous prenez et vous tirez Roi et As de Trèfle (commencez par l'Honneur du côté le plus court, pour ne pas user un Honneur d'une autre couleur pour rentrer en main). Si la couleur est répartie 3-2, vous gagnez 2 levées de Longueur. Si elle est 4-1, il faut donner encore une levée : espérez que c'est l'adversaire qui n'a plus de Piques (donc celui de droite) qui prenne. En ce cas, une levée de Longueur. Si c'est l'adversaire qui a les Piques qui prend, il n'y a pas de solution.

2) Vous avez 7 levées de tête, il en manque 2, il faut tenter l'impasse à Trèfle et trouver des levées de Longueur dans cette couleur.
Ici, vous savez que les Piques sont 4-4 : l'entame du 3 en quatrième meilleure est la plus petite carte (puisque vous avez le 2), vous n'êtes donc pas en danger, vous ne donnerez que 2 Piques.
Prenez l'entame et jouez le Roi de Trèfle (« coup de sonde » au cas où la Dame serait sèche), puis petit pour le Valet (avec 8 cartes faire l'impasse à la Dame).
Si l'impasse réussit, tirez l'As.

Si la couleur était 3-2, la Dame tombe et vous avez en plus 2 levées de Longueur.

Si le Valet est pris par la Dame, vous prenez le retour et vous tirez l'As.

Si la couleur est 3-2, vous avez 2 levées de Longueur.

Si la couleur est 4-1, une seule Levée de Longueur, il faut que l'impasse réussisse.

LEÇON 6

Plans de Jeu à Sans-Atout

Comment jouez-vous 3 SA sur l'entame indiquée ?
Faites votre plan de jeu et choisissez
l'affranchissement le plus sûr.

1.　　♠ 42
　　　　♥ A2
　　　　♦ R75
　　　　♣ DV10754

Entame : N
3 de ♠　O + E
　　　　　S
　　　　♠ AR
　　　　♥ RDV6
　　　　♦ DV102
　　　　♣ 932

2.　　♠ 75
　　　　♥ A4
　　　　♦ 8762
　　　　♣ RV1054

Entame : N
4 de ♠　O + E
　　　　　S
　　　　♠ AR
　　　　♥ RD52
　　　　♦ RDV10
　　　　♣ 876

3. ♠ R4
♥ 73
♦ AV10982
♣ 852

Entame :   **N**
Dame de ♠ **O + E**
         S
♠ A753
♥ AD84
♦ R
♣ A976

4. ♠ A32
♥ R43
♦ AD108
♣ 542

Entame :   **N**
Dame de ♥ **O + E**
         S
♠ RV5
♥ A65
♦ 953
♣ AR86

5.   ♠ AV
        ♥ 1032
        ♦ AD108
        ♣ 6542

Entame :   N
4 de ♠   **O + E**
         S
        ♠ R8
        ♥ AV4
        ♦ 953
        ♣ RDV93

6.   ♠ RD
        ♥ D53
        ♦ D64
        ♣ D10985

Entame :   N
Valet de ♠ **O + E**
         S
        ♠ A54
        ♥ AV64
        ♦ R753
        ♣ AV

Solutions :

1. L'entame est le 3 de Pique, qui fait sauter un arrêt dans cette couleur, on n'en a plus qu'un. Or, affranchir les Trèfles nécessiterait de donner la main deux fois (il faut donner l'As et le Roi) : il faut abandonner cette idée et choisir l'affranchissement le plus rapide, celui des Carreaux, en donnant l'As. L'adversaire rejoue Pique, on prend et on tire ses 7 levées restantes sans donner la main : 4 Cœurs et 3 Carreaux.

2. Il y a 5 levées de tête, il en manque 4. Affranchir les Carreaux n'en rapporte que 3. Il faut commencer par les Trèfles, en jouant petit de la main pour le 10 ou le Valet : quand l'impasse est double, faire d'abord la plus basse. Et on a 8 cartes : le partage 3-2 étant le plus fréquent, on gagnera 3 ou 4 levées selon la position des Honneurs adverses.

3. Il y a 6 levées, il en manque 3, à établir avec les Carreaux. Mais attention : la seule remontée extérieure au mort étant le Roi de Pique, il faut prendre l'entame avec l'As de la main. Ensuite, jouer le Roi de Carreau que l'on prend avec l'As, puis jouer le Valet. Il sera pris par la Dame, mais on a toujours le Roi de Pique au mort pour remonter les récupérer.

4. Il y a 7 levées, il en manque 2, à établir à Carreau, couleur où il manque le Roi et le Valet. En cas de double fourchette, faire d'abord l'impasse la plus basse : petit de la main pour le 10. La manœuvre suppose que l'on a pris l'entame avec l'As de la main.

5. Il y a 4 levées, mais les Trèfles en rapporteront 4 après avoir donné l'As. Prendre l'entame avec l'As du mort et jouer petit Trèfle jusqu'à ce que l'As tombe. Il faut encore une levée, jouer petit Carreau de la main pour la Dame (ne faire que l'impasse au Roi). Et, le plus souvent, un affranchissement d'Honneurs (Trèfle) a priorité sur une impasse (Carreau).

6. Il y a 5 levées. Il faut affranchir les Trèfles, puis un Cœur ou un Carreau. Prendre l'entame de la Dame de Pique du mort et jouer petit Trèfle pour l'As, puis présenter le Valet : si Ouest met petit, passer la Dame pour ne pas bloquer la couleur. Il y a toujours le Roi de Pique au mort pour remonter récupérer les Trèfles. Jouer ensuite Cœur pour le Valet, ou Carreau pour l'un des Honneurs.

LEÇON 7

Plan de Jeu à la Couleur

- Comptabilisez vos perdantes, la main de base étant celle du déclarant.

- Cherchez le moyen d'éliminer les perdantes excédentaires.

- Faites votre plan pour chaque diagramme sur l'entame indiquée.

1. Contrat : 4 ♥,
Entame atout

    ♠ 85432
    ♥ R74
    ♦ D653
    ♣ 4

      N
   O + E
      S

    ♠ AD6
    ♥ ADV106
    ♦ R9
    ♣ AV3

2. Contrat : 4 ♥,
Entame : 9 de ♠

    ♠ R10742
    ♥ V843
    ♦ V54
    ♣ 3

      N
   O + E
      S

    ♠ A3
    ♥ ARD62
    ♦ D1093
    ♣ R4

3. Contrat : 4 ♥, entame : 9 de ♠ pris de l'As.
Les atouts adverses sont 3-2.

    ♠ D105
    ♥ RD64
    ♦ 73
    ♣ RV102
     N
    O + E
     S
    ♠ RV6
    ♥ AV82
    ♦ AV95
    ♣ D4

4. Contrat : 4 ♠,
Entame : 5 de ♠
    ♠ R1076
    ♥ 8743
    ♦ 2
    ♣ 10854
     N
    O + E
     S
    ♠ AD932
    ♥ A5
    ♦ V8743
    ♣ A

5. Contrat : 4 ♠,
Entame : Dame de ♥.
    ♠ 1093
    ♥ A32
    ♦ V854
    ♣ D53
     N
    O + E
     S
    ♠ ARV82
    ♥ R5
    ♦ A76
    ♣ AV10

6. Contrat : 4 ♠,
Entame : Roi de ♥.

    ♠ D93
    ♥ 75
    ♦ 765
    ♣ DV1052
      N
    O + E
      S
    ♠ ARV102
    ♥ A2
    ♦ AR32
    ♣ 93

7. Contrat : 6 ♠
Entame : Roi de ♥

    ♠ V62
    ♥ 853
    ♦ 87532
    ♣ D4
      N
    O + E
      S
    ♠ ARD75
    ♥ A94
    ♦ AR
    ♣ AR3

Solutions :

1. 4 Cœurs, entame atout. On a 7 levées de tête (1 Pique, 5 atouts, 1 Trèfle), on affranchira un Honneur Carreau, il manque 1 levée. Il faut la trouver en coupant 2 Trèfles au mort. Mais, pour ce faire, il faut avoir des atouts, et l'entame en enlève un. Donc, il ne faut pas jouer atout avant d'avoir coupé les Trèfles. Prendre l'entame du Roi du mort, jouer As de Trèfle et Trèfle coupé, rentrer en main à l'As de Pique (ne pas tenter l'impasse, si elle rate, l'adversaire a tout intérêt à rejouer atout pour empêcher la coupe), et couper le deuxième Trèfle. Jouer ensuite Carreau en passant le Roi, l'adversaire ne peut plus vous nuire. Une fois repris la main, penser à enlever les atouts restants.

2. 4 Cœurs, entame 9 de Pique. Prendre du Roi du mort et enlever les atouts (en 2 ou 3 tours), puis jouer Carreau, on en donne 2 (As et Roi), plus un Trèfle pour égal.

3. 4 Cœurs, entame 9 de Pique pris de l'As d'Est qui en rejoue. Prendre du Roi. Enlever les atouts (3 tours) puis jouer Dame de Trèfle et Trèfle pour affranchir la couleur. Bien commencer par la Dame pour ne pas être bloqué du mauvais côté (« les Honneurs du côté court »).

4. 4 Piques, entame du 3 de Pique. On a 7 levées. Si l'on enlève les atouts, on donnera des Carreaux. Prendre au mort et donner de suite un Carreau, l'adversaire rejoue atout, prendre en main et couper 2 Carreaux au mort, en rentrant en main à l'As de Trèfle. Rentrer en main en coupant un Trèfle, enlever l'atout restant et donner un Carreau. Le flanc rejoue Cœur, prendre de l'As. Le dernier Carreau est affranchi si la couleur était 4-3. On donne un Cœur pour égal.

5. 4 Piques, entame de la Dame de Cœur. On a 8 atouts, il faut faire l'impasse à la Dame. Mais auparavant, on peut tirer l'As en « coup de sonde ». Prendre l'entame Cœur du Roi de la main, tirer l'As (au cas où la Dame serait sèche). Si elle ne tombe pas, remonter au mort à Cœur et jouer le 10 de Pique laissé filer si non couvert. Si la Dame ne vient pas (donc si elle est en Est), tirer le Roi. Si elle prend la levée, prendre la continuation et remonter au mort au 9 d'atout pour jouer la Dame de Trèfle en impasse forçante, puis Trèfle pour le Valet. Selon les impasses, on donne ou non un Cœur, on donne ou non un Trèfle, on donne 2 Carreaux.

6. 4 Piques, entame du Roi de Cœur. On pourrait enlever les atouts, mais on va affranchir les Trèfles et il faut remonter au mort les chercher ensuite : la seule remontée est la Dame de Pique. Prendre l'entame de l'As de Cœur et jouer le 9 de Trèfle, l'adversaire prend, encaisse un Cœur et joue Carreau. Prendre et jouer encore Trèfle, l'adversaire prend. Jouer ensuite atout, en terminant par la Dame au mort, qui permet de récupérer les Trèfles affranchis.

7. 6 Piques, entame Roi de Cœur. On a 11 levées (attention à ne pas superposer la Dame de Trèfle et l'As ou le Roi). Les Cœurs sont « miroirs », mais on a en main 3 Trèfles et au mort 2, la configuration permet de défausser un Cœur du mort pour créer une coupe. Laisser passer l'entame, prendre ensuite de l'As. Puis jouer Dame de Trèfle, Trèfle pour le Roi et l'As de Trèfle en défaussant un Cœur. Enfin, couper le Cœur de la main et enlever les atouts pour égal.

Il faut prendre garde à jouer « les Honneurs du côté court » en premier, donc la Dame de Trèfle qui est seconde, avant l'As ou le Roi, qui sont troisièmes.

LEÇON 8

Jeu de Flanc – L'Entame

Il est important de bien entamer : à la couleur, on cherche à effectuer des coupes ; à Sans-Atout, on cherche à affranchir des longueurs. Dans les deux cas, on peut avoir des Honneurs à affranchir.

Règles préliminaires

1. Contre un Contrat à Sans-Atout.

a) Votre partenaire a fait une enchère (ouverture ou intervention) : entamez dans sa couleur, en « Pair-Impair » : avec 2 cartes, la plus grosse, avec 3 cartes (ou 5), la plus petite ; avec 4 cartes, la deuxième.

Moyen mnémotechnique : i**M**pair **M**onte.

b) Votre partenaire a toujours passé.

Règle : si vous n'avez pas d'Honneurs qui se suivent, entamez dans votre couleur la plus longue[2] la quatrième carte en partant de la plus forte. On dit « la **Quatrième Meilleure** ».

Mais : si vous avez des Honneurs qui se suivent, entamez la carte soulignée (la « **Tête de Séquence** «) :

A̲RDx(x)   R̲DVx(x)   D̲V10x(x)   V109x(x)
A̲RVx(x)   R̲D10x(x) D̲V9x(x)   V108x(x)
A̲DVx(x)   RV̲10x(x)   D1̲0̲9x(x)   10̲9̲8x(x)
AV̲10x(x)   10̲9̲7x(x)

---

[2] Sauf s'il s'agit de la couleur d'ouverture du déclarant.

2. Contre un Contrat à la Couleur.

a) Si votre partenaire a fait une enchère, entamez dans sa couleur, comme à Sans-Atout (en Pair-Impair).

b) Si votre partenaire a toujours passé : choisissez, dans cet ordre de préférence, la carte soulignée de l'une des combinaisons suivantes :

a) Un singleton.

b) A̱R… (tête de 2 grosses cartes suivies).

c) ṞD…, ḎV…, V̱10…, 1̱09…, etc… (idem)

d) Rx̱x̱, Dx̱x̱, Vx̱x̱. (la plus petite de 3 cartes sous un Honneur).

e) Dernier choix : la plus forte d'un doubleton sans Honneur.

Mais attention : à la couleur, n'entamez pas sous un As (par exemple A95) ni dans une couleur en fourchette (par exemple RV102 ou D105).

Probabilités de répartitions des cartes restantes chez les adversaires :

Vous voyez au mort et dans votre main un total de :	Reliquat contenu dans les mains cachées :	Répartition de ce reliquat entre les 2 mains cachées, dans l'ordre de leur probabilité :		
		Probable	Moins Probable	Rare :
6 cartes d'une couleur	7	4 – 3		5 - 2, 6 – 1, 7 - 0
7 cartes d'une couleur	6	4 - 2	3 – 3	5 - 1, 6 – 0
8 cartes d'une couleur	5	3 – 2	4 – 1	5 - 0
9 cartes d'une couleur	4	3 – 1	2 – 2	4 - 0
10 cartes d'une couleur	3	2 – 1		3 - 0
11 cartes d'une couleur	2	1 – 1	2 – 0	

A) Vous êtes en Ouest. Les adversaires jouent 3SA après la séquence suivante :

S	O	N	E
1♥	-	1♠	-
1 SA	-	3 SA	*Fin*

Quelle est votre entame avec chacune de ces mains :

1. ♠ 54
   ♥ RV3
   ♦ R8753
   ♣ D32

2. ♠ 54
   ♥ R63
   ♦ DV1075
   ♣ D32

3. ♠ 54
   ♥ A63
   ♦ 532
   ♣ RD1094

4. ♠ 54
   ♥ R8753
   ♦ RV52
   ♣ D3

5. ♠ DV109
   ♥ R95
   ♦ 8765
   ♣ R2

6. ♠ 54
   ♥ R63
   ♦ 532
   ♣ AV1093

B) Vous êtes en Ouest. Les adversaires jouent 4 Cœurs après la séquence suivante :

S	O	N	E
1 ♥	-	1 ♠	-
2 ♦	-	2 ♥	-
3 ♥	-	4 ♥	*Fin*

Quelle est votre entame avec chacune de ces mains :

1. ♠ V1053
   ♥ D7
   ♦ R42
   ♣ RDV5

2. ♠ DV109
   ♥ D7
   ♦ R42
   ♣ R1053

3. ♠ A1032
   ♥ D7
   ♦ 6532
   ♣ R103

4. ♠ 4
   ♥ R86
   ♦ D8542
   ♣ 10432

5. ♠ V2
   ♥ 872
   ♦ RV94
   ♣ A1075

6. ♠ DV76
   ♥ V7
   ♦ V854
   ♣ AR5

Solutions :

A) 1. 5 de Carreau, la quatrième meilleure.

2. Dame de Carreau, une tête de séquence.

3. Roi de Trèfle, une tête de séquence brisée (il manque le Valet mais on a la Dame).

4. 2 de Carreau. Ne pas entamer Cœur, c'est la couleur d'ouverture du déclarant qui y possède 5 cartes. Choisir une quatrième meilleure ailleurs.

5. Dame de Pique, une tête de séquence. La couleur a été nommée par le mort, mais elle n'a pas été soutenue, et on y possède une séquence. On joue ainsi vers la « force du mort », le partenaire détient au moins deux cartes à Pique.

6. Valet de Trèfle, une tête de séquence brisée.

B) Analyse de la séquence : Après le bicolore économique, Nord est revenu dans la couleur d'ouverture au palier de 2 : il n'a que 2 cartes à Cœur. Sud a remis 3 Cœurs : il a 6 cartes.

1. Roi de Trèfle, une tête de séquence. On a une séquence à Pique, mais elle est plus faible, et les Trèfles n'ont pas été nommés.

2. Dame de Pique, une tête de séquence. L'entame Trèfle sous un Roi long est prohibée !

3. 3 de Trèfle. Certes, on entame sous un Honneur, mais il s'agit de la couleur non nommée et on n'y a que 3 cartes. Carreau aurait été correct si le déclarant n'avait pas nommé la couleur, Pique est prohibé (sous un As, ou un As sans le Roi est très mauvais).

4. 4 de Pique, le singleton est une entame prioritaire à la couleur, et on a des atouts, on pourra peut-être couper si le partenaire prend la main.

5. 2 de Cœur. On ne peut entamer Trèfle, sous un As ou un As sans le Roi ; on ne peut entamer Carreau, couleur en fourchette et de plus nommée par le déclarant ; et il faut éviter les doubletons, donc pas Pique. En entamant atout, on empêche une coupe : à priori, Nord n'a que 2 cartes à Cœur, il est revenu dans la couleur d'ouverture au palier de 2.

6. As de Trèfle. Avec As-Roi, mettez l'As sur la table, surtout s'il s'agit de la couleur non nommée.

C) Quelques conseils :

- Si les enchères ont été :

1SA passe 3SA Fin

Et si l'on n'a rien, donc aucun espoir d'affranchissement : on sait que le partenaire a un peu de jeu. L'ouvreur de 1SA n'a pas de Majeure cinquième, le répondant n'a pas de Majeure quatrième. Entamer pour le partenaire votre Majeure la plus courte.

- Contre un chelem à Sans-Atout, 6 SA ou 7 SA : les adversaires ont du jeu, ne pas entamer sous un Honneur, il y a risque de leur faire l'impasse. Attaquer une tête de séquence (de 3 cartes, dans une couleur au moins quatrième), ou une longue sans Honneur, ou une couleur nulle (3 petites cartes par exemple).

- Contre un contrat à l'atout : ne pas entamer sous un As, ni sous une fourchette.

LEÇON 9

Jeu de Flanc : en Troisième

A) Vous êtes en Est, votre partenaire entame du 6 et le mort fournit petit. Quelle carte jouez-vous ?

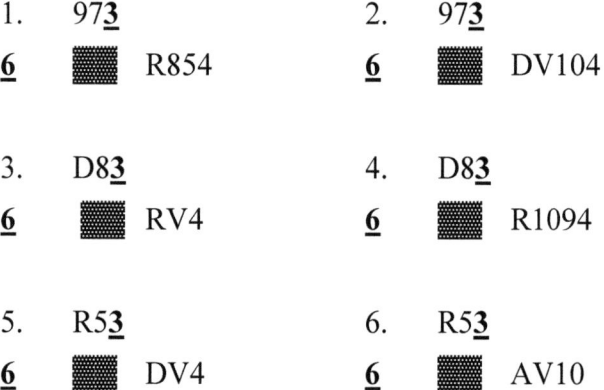

1. 97<u>3</u>
    6 ▨ R854

2. 97<u>3</u>
    6 ▨ DV104

3. D8<u>3</u>
    6 ▨ RV4

4. D8<u>3</u>
    6 ▨ R1094

5. R5<u>3</u>
    6 ▨ DV4

6. R5<u>3</u>
    6 ▨ AV10

B) Vous êtes en Ouest. Votre partenaire a pris la main, contre-attaque du 2, le déclarant fournit petit. Quelle carte jouez-vous ?

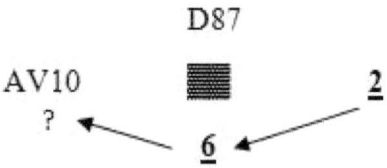

D87

AV10   ▨   <u>2</u>

? ←   <u>6</u> ←

Solutions :

A) Le partenaire entame, que fournir en troisième :

1. Le Roi : « monter en troisième ».

2. Le 10 : « monter en troisième », mais en fournissant la plus basse des équivalentes.

3. Le Valet : il suffit pour faire tomber l'As, puisque la Dame est au mort.

4. Le 9 : faire l'impasse au Valet, et fournir la plus basse des équivalentes. Fournir le Roi risque d'affranchir la Dame du mort.

5. Le Valet : « monter en troisième », mais en fournissant la plus basse des équivalentes.

6. Le 10 : vous êtes en fourchette derrière le mort. S'il tient, jouer une autre couleur : c'est le partenaire qui doit rejouer de celle-ci s'il prend la main. Ou, s'il ne peut prendre la main, attendre que le déclarant soit contraint d'en jouer.

B) Le partenaire prend la main et joue un 2, le déclarant fournit petit de sa main, que fournir en troisième ? Faut-il prendre ou laisser le mort prendre ?

Solution : le partenaire a joué un 2 : la contre-attaque d'une petite carte indique la possession d'un Honneur. Prendre de l'As et renvoyer le Valet, qui promet le 10, pour faire capturer la Dame du mort.

Conseil :

Pour renvoyer d'une couleur si l'on prend la main :

- Si l'on n'est pas intéressé par la couleur, jouer gros (« Top of Nothing »), on joue « neutre » ou pour le partenaire.

- Si l'on possède un Honneur, jouer petit : « un petit est prometteur ».

LEÇON 10

Jeu en Flanc : en Second – Honneur sur Honneur

A) Vous êtes en Ouest. Le déclarant joue le 3. Quelle carte fournissez-vous ?

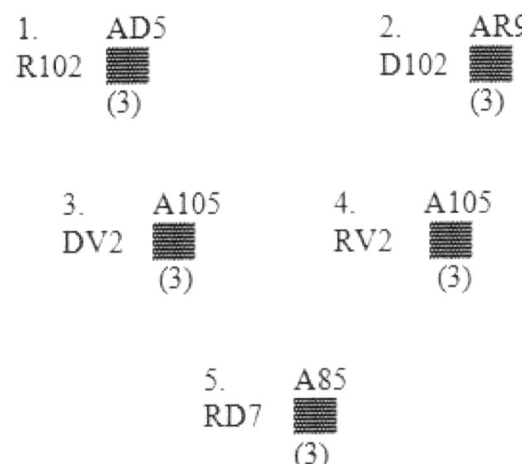

1.   AD5
R102
(3)

2.   AR9
D102
(3)

3.   A105
DV2
(3)

4.   A105
RV2
(3)

5.   A85
RD7
(3)

B) Vous êtes en Est. Le déclarant présente du mort la carte soulignée. Quelle carte fournissez-vous ?

1.   **D**V109
       R642

2.   **D**53
       R64

3.   **D**1084
       R6532

4. **1**054

      D32

5. **D**V53

      R4

6. **D**7

      R1095

7. **V**109

      D542

C) Vous êtes en Ouest. Le déclarant joue la Dame de sa main. Quelle carte fournissez-vous ?

1. A8

R543

      D

2. AV64

R973

      D

3. AV102

R973

      D

4. AV109

R873

      D

Solutions :

A) Jeu en second.

1. Le 2 : « petit en second ». Va-t-il faire l'impasse ou non ? Vous n'en savez rien. S'il la fait et tire l'As ensuite, votre Roi se fera (sauf s'il est coupé, mais dans ce cas, rien à faire).

2. Le 2, « petit en second ». S'il prend As-Roi, votre Dame peut se faire. S'il passe le 9, rien à faire si votre partenaire n'a pas le Valet.

3. Le Valet : il faut intercaler pour faire prendre de l'As. Vous ferez votre Dame.

4. Le Valet : il faut intercaler pour faire prendre de l'As. Vous ferez votre Roi.

5. Le 7 : « petit en second ». Il va mettre l'As quand même.

B) Couvrir ou non un Honneur adverse.

1. Passer petit : ne pas couvrir avec un Honneur long.

2. Le Roi : « Honneur sur Honneur ».

3. Le 2, votre Roi est long, il ne sera pas pris (ou alors il sera coupé).

4. La Dame : « Honneur sur Honneur (le 10 est un Honneur).

5. Le Roi : il est second, il sera pris.

6. Couvrir du Roi, vous avez le 10 et le 9. Sud a sans doute As et Valet, mais 10 et 9 seront promus.

C) Honneur sur Honneur ou non ?

1. Passer le 3. Le déclarant a sans doute une séquence DV10 ou DV9, l'As est second, il viendra ensuite de toute façon.

2. Couvrir la Dame du Roi. Le déclarant utilise 2 Honneurs pour vous en prendre un, et votre 9 peut s'affranchir.

3. Couvrir du Roi. Il sera pris de l'As, mais votre 9 tiendra.

4. Ne pas couvrir, tout serait maître au mort.

LEÇON 11

Fournir en troisième

A) Vous êtes en Est. Votre partenaire entame du 6, le mort joue l'As. Quelle carte jouez-vous ?

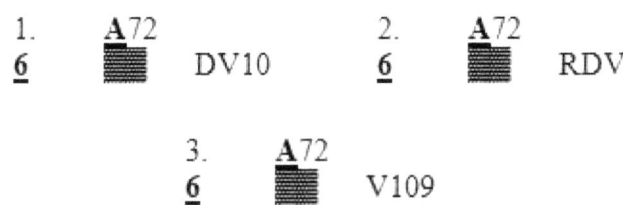

B) Votre partenaire entame le Roi, le déclarant met petit du mort. Quelle carte jouez-vous ?

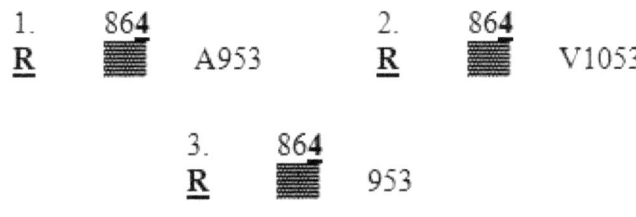

C) Votre partenaire entame la Dame, petit du mort. Quelle carte jouez-vous ?

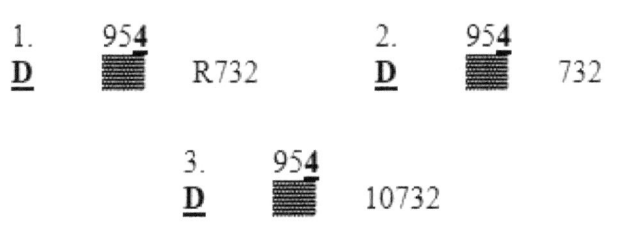

Solutions :

A) Après l'As du mort :

1. Jouez la Dame, pour dénier le Roi et indiquer le Valet.

2. Jouez le Roi.

3. Jouez le Valet.

=> Pour appeler, jouer une carte « inutilement forte ».

B) Entame du Roi, petit du mort :

1. Fournir le 9, pour appeler.

2. Fournir le Valet, déniant la Dame mais indiquant que l'on possède le 10.

3. Le 3 : une petite carte, pour refuser la couleur.

C) Entame de la Dame, petit du mort :

1. Appelez avec le 7.

2. Refusez avec le 2.

3. Fournissez le 7 : appel ou parité (pour une éventuelle levée de Longueur).

Ces règles sont générales. Mais vous pouvez choisir une convention plus élaborée à Sans-Atout : « Petit appelle sur entame de l'As ou de la Dame ». Ceci pour économiser les grosses cartes. Donc, si le contrat est à Sans-Atout, en C)1. Il faut mettre le 2, en C)2. Le 7 pour refuser, en C)3. Le 3, appel et parité en même temps.

D) Vous êtes en Est. L'adversaire joue un contrat à Sans-Atout, nous sommes à la 4ème levée, votre partenaire en Ouest, qui a la main, joue un Pique de Longueur affranchi. Le mort défausse le 2 de Carreau. Quelle carte défaussez-vous, et pourquoi ?

N.B. : Dans les deux cas, on souhaite un retour Coeur :

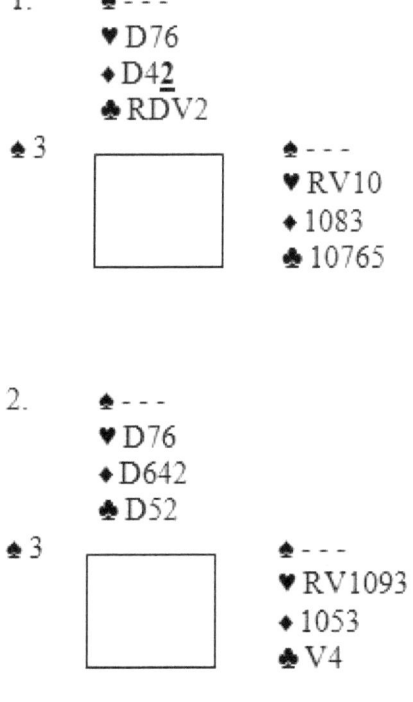

1. ♠ - - -
   ♥ D76
   ♦ D4**2**
   ♣ RDV2

♠ 3

♠ - - -
♥ RV10
♦ 1083
♣ 10765

2. ♠ - - -
   ♥ D76
   ♦ D642
   ♣ D52

♠ 3

♠ - - -
♥ RV1093
♦ 1053
♣ V4

Solutions :

1. Ne pas défausser le Valet de Cœur, il va servir. Défausser un Carreau : le partenaire voit les Trèfles solides au mort, il ne peut se tromper : la défausse d'un petit Carreau est un refus de cette couleur et ne peut être qu'un appel à Cœur, seule couleur « possible ». En effet, si le déclarant doit donner l'As de Trèfle, il sera bien obligé en jouant la couleur lui-même.

2. Défausser le Valet de Cœur, grosse carte appelant dans la couleur. On s'appauvrit, mais, si l'on défausse un Carreau, le partenaire ne peut savoir si l'on souhaite un Trèfle ou un Cœur. De même si l'on défausse un Trèfle, veut-on un Cœur ou un Carreau ? Les cartes du mort ne sont pas assez explicites. Il faut faire un appel direct (« Appel d'urgence »).

Règle :

- Dans quel cas fait-on un appel direct ? Quand on veut de la couleur, mais sans s'appauvrir.

- Pour attaquer tête de séquence à Sans-Atout, il faut trois Honneurs qui se suivent, ou trois Honneurs dont seulement deux se suivent. Par exemple ARDxx ou RDVxx ou encore ARVxx ou ADVxx ou RD10xx ou RV10xx, etc…

- Pour attaquer tête de séquence à la couleur, il suffit de deux Honneurs qui se suivent.

Application : le contrat est à Sans-Atout :

Entame **Roi**      V32

avec 87 au mort

L'entame du Roi promet Roi-Dame-Valet quatrième ou cinquième. Mettre le Valet pour débloquer, le partenaire a la séquence RD10xx

- Le Pair-Impair :

IMPAIR MONTE   On a 3 cartes (ou 5) : la + petite
PAIR DESCEND   On 2 cartes (ou 4) : la + grosse

Application : Le contrat est à Sans-Atout, le déclarant joue le Valet de sa main : Est ne doit pas prendre de suite pour couper les communications, mais doit-il le faire au deuxième tour, ou au troisième ?

1.	RD1085			2.	RD1085	
762		A94		72		A94
	V (?)				V (?)	

Dans les deux cas, c'est Ouest qui doit éclairer son partenaire :

Cas 1. : Ouest a 3 cartes : il fournit le 2, petite carte, il ne peut que monter (= fournir une carte plus grosse), donc il a 3 cartes. Dans ce cas, Est déduit que Sud n'en a que 2, donc il prend au deuxième tour. Ainsi, Sud ne pourra plus remonter au mort récupérer la couleur affranchie.

Cas 2. : Ouest a 2 cartes, il fournit le 7, la plus grosse. Est voit 10-9-8 au mort ou dans sa main, le 7 est donc la plus grosse des cartes de son partenaire. Celui-ci n'en a que 2, donc Sud en a 3, donc Est prend au troisième tour. Sud ne pourra plus remonter au mort pour récupérer le reste de la couleur affranchie.

Mais, objectera Candide, et si Ouest est singleton ? Eh bien, dans ce cas, Sud a 4 cartes et il récupèrera toujours ses cartes affranchies.

Retrouvez les conseils et tutoriels de Micheline Chaoul sur le site :

bridgeautrot.jimdo.com

Autres Ouvrages de Micheline Chaoul :

Aux éditions Books On Demand :

► Les enchères du Bridge au Petit Trot : Les enchères de Base du Système Français.

► Bridge : le Jeu de la Carte au Petit Trot : les Manœuvres de base du déclarant et du flanc.

► Bridge : les enchères conventionnelles au petit trot : Présentation des conventions les plus courantes du système d'enchères français.

Trois aide-mémoire de petit format, à reliure spirale.

Aux éditions Amazon Create Space :

► Apprendre à jouer au bridge : en famille ou entre amis.
Ouvrage pour débuter à plusieurs, en jouant.

► Les Cue-Bids au Bridge.
Les différentes utilisations du cue-bid et des splinters.

► Bridge – Vos débuts en tournoi : ou comment se tenir… à table !
Les règles d'organisation, les principes de l'arbitrage, l'éthique, les droits du mort, des joueurs de flanc et du déclarant, l'Alerte, le Stop... Pour les joueurs novices en tournoi.

Tous ces ouvrages existent en livre papier et en version e-book.

Également, aux éditions Books On Demand :
► Mes Logigrammes : volume 1 – 60 grilles de logique à résoudre.
► Mes Logigrammes : volume 2 – 60 grilles de logique à résoudre.
Un logigramme est un jeu ayant pour but de remplir une grille à l'aide d'indices donnés. À recommander aux amateurs de mots croisés ou de sudokus.

Pour votre libraire : les éditions Books On Demand sont distribuées par la Sodis.